Alessandro Menabue

The Great Pretender

Ho imparato in questo mestiere che chi comanda non solo non si ferma davanti a ciò che noi definiamo assurdità, ma se ne serve per intorpidire le coscienze e annullare la ragione.

(José Saramago, Saggio sulla Lucidità)

INDICE

1. Ci eravamo tanto (rott)amati

Innovativo, determinato, spontaneo, ottimista, estroverso, coraggioso, guascone, libero, moderno, decisionista, concreto: questa è soltanto una selezione degli aggettivi più frequentemente adottati dai media italiani per descrivere - ma sarebbe più corretto dire adulare, fatte salve rare eccezioni - Matteo Renzi. E' in virtù di questi suoi supposti talenti - ci raccontano le veline del potere, ovvero la quasi totalità dell'informazione - che l'ex Sindaco di Firenze è riuscito nell'impresa di varcare la soglia di Palazzo Chigi a soli 39 anni. Il più giovane Presidente del Consiglio della storia della Repubblica. Alcune delle caratteristiche sopra elencate hanno effettivamente aiutato il premier nella sua scalata, eppure esiste un altro aspetto della sua personalità che, nonostante si sia rivelato determinante per la sua fulminante carriera, viene quasi sempre scientemente taciuto da quella parte di informazione cortigiana: la naturale, quasi compulsiva, propensione alla menzogna e alla mistificazione. Ambizioso come tanti e bugiardo come pochi. Da qui la scelta del titolo di questo scritto: tradotto in italiano, il termine "pretender" si presta alla doppia interpretazione di "pretendente" e "impostore". Entrambe calzanti, quando si parla di Matteo Renzi. Durante gli ultimi dieci anni l'ambizioso ragazzo di Rignano sull'Arno ha modellato il suo personaggio plasmandolo nell'argilla di una macroscopica ed efficace alterazione della sua reale natura. Questa operazione di maquillage caratteriale e ideologico gli ha consentito di accreditarsi prima quale giovane simbolo di un possibile rinnovamento della classe politica italiana, poi quale unica chance per evitare al paese il baratro del fallimento. Senza alcun dubbio lo slogan della "rottamazione" si è rivelato ben studiato e vincente, perfettamente funzionale all'obiettivo che l'allora primo cittadino toscano si era prefissato; eppure già all'epoca del suo conio celava quella che dopo qualche anno si sarebbe rivelata una gigantesca presa per i fondelli. Matteo utilizza per la prima volta il termine "rottamazione" in occasione di un'intervista rilasciata a quello che diventerà poi uno dei principali house horgan del renzismo, il quotidiano "La Repubblica". E' il 29 agosto 2010, Renzi è sindaco di Firenze da poco più di un anno ma risulta evidente come lo scranno di primo cittadino già gli vada stretto: "Non è mica solo una

8

questione di ricambio generazionale. Se vogliamo sbarazzarci di nonno Silvio, io così lo chiamo e non caimano, dobbiamo liberarci di un'intera generazione di dirigenti del mio partito. Non faccio distinzioni tra D'Alema, Veltroni, Bersani. Basta. E' il momento della rottamazione. Senza incentivi". Non si tratta di una semplice richiesta di rinnovamento all'interno del Pd ma di una palese autocandidatura alla guida del partito. Naturalmente ben poche persone in quei giorni sarebbero state disposte a scommettere sulla riuscita dell'operazione rottamazione: da buona parte degli osservatori politici e dagli stessi compagni di partito, l'allora sindaco di Firenze veniva comprensibilmente considerato poco più che uno spregiudicato arrivista che si era messo in testa di fare un passo decisamente più lungo della gamba. Un avventuriero la cui sprovveduta arroganza in breve tempo sarebbe rimasta stritolata dal quel potere che egli si illudeva di poter chiudere in soffitta. Gli eventi, è storia nota, hanno portato ad un epilogo assai diverso da quello pronosticato in quei giorni dai più: in capo a quattro anni Matteo Renzi ha traslocato da Palazzo Vecchio a Palazzo Chigi, Walter Veltroni si è dato al cinema (peraltro con risultati talmente pregevoli da far rimpiangere un suo esordio così tardivo nel campo della settima arte), Massimo D'Alema si lascia sbertucciare dal primo maggiordomo renziano che incontra ("Ringrazio D'Alema per i consigli ma ora tocca a noi", così il deputato Ernesto Carbone, classe 1974, apostrofava l'ex leader Massimo a Ballarò il 10 marzo 2015) e Pierluigi Bersani, passato mestamente dal ruolo di potenziale smacchiatore a quello di smacchiato e candeggiato, si è reinventato oppositore interno tanto pavido quanto marginale per i destini del suo partito. Operazione rottamazione riuscita, dunque? Così potrebbe sembrare se ci si accontenta dell'apparenza, se del palazzo della politica ci si ferma ad osservare soltanto i muri esterni: Renzi li ha ripuliti, sostituendo il suo volto giovane (assieme a quello delle sue ancelle e dei suoi maggiordomi) alle facce di quei maggiorenti democratici ormai invisi non solo ai cittadini ma anche a buona parte della base del Pd. Il fatto è che il premier nulla ha fatto di quello che davvero sarebbe servito per rendere l'edificio solido e sicuro, limitandosi ad imbellettarlo, ad uso e consumo suo, dei suoi e di un'informazione complice. C'è ad esempio un uomo che è riuscito a sfuggire alla furia rottamatrice renziana: proprio quel "nonno Silvio" che avrebbe dovuto essere, almeno stando ai proclami, il principale bersaglio di Renzi. In realtà Matteo, un po' come il mostro di fumo nero della serie televisiva "Lost", si è rivelato - non solo col Caimano - piuttosto selettivo nel decidere di chi sbarazzarsi e chi invece risparmiare. Ad esempio, per un Bersani che viene accompagnato all'uscita senza troppe cerimonie, si tollera che un Vincenzo De Luca, ex sottosegretario durante il governo Letta ed ex sindaco di Salerno (decaduto per incompatibilità con il ruolo governativo), concorra (vincendole) alle primarie democratiche indette per scegliere il candidato alla presidenza della regione Campania, nonostante risulti condannato in primo grado per abuso d'ufficio e sia imputato in altri due procedimenti giudiziari con le accuse di corruzione, truffa aggravata, associazione a delinquere, concussione, abuso d'ufficio, falso ideologico e lottizzazione abusiva. Un curriculum di tutto riguardo: con un altro paio di processi a carico avrebbe avuto pieno titolo per mettere mano alla Costituzione assieme a quella pasta d'uomo che risponde al nome di Denis Verdini. Naturalmente il silenzio del premier sulla questione De Luca nulla ha a che vedere col fatto che il ras campano sia, secondo le sue stesse dichiarazioni "primo elettore campano e azionista di riferimento di Renzi" e che nel 2013, in occasione delle primarie vinte contro Bersani, a Salerno il risultato ottenuto da Matteo sia stato superiore del 10% rispetto al dato medio campano e nelle consultazioni presso i circoli dem abbia addirittura ottenuto il 97,1%. Saremmo prevenuti soltanto a pensarlo. "Le bugie più crudeli sono spesso raccontate in silenzio", scriveva Robert Louis Stevenson in "Virginibus Puerisque and Other Papers". Renzi ha fatto sua questa massima: per sua natura preferirebbe esibirsi, essere notte e giorno al centro della scena. Come nonno Silvio, dal quale ha ereditato non solo l'amore l'amore per il proscenio ma anche la consapevolezza che certe imposture, soprattutto quelle meno innocenti, è bene imbastirle al riparo dagli sguardi della platea. E' per questo che non esiste alcuna documentazione fotografica che ci racconta l'incontro del 18 gennaio 2014 tra Renzi e Berlusconi, quello che sancì la nascita del famigerato patto (anche se, alla luce dell'indecenza degli accordi stipulati, il termine tresca sarebbe più consono) del Nazareno. Anzi, a ben guardare non esiste in circolazione una sola immagine che ritragga l'istrione di Rignano e quello di Arcore insieme, segno che anche nei più spregiudicati alberga una quantità minima di pudore, o forse vergogna. Il Nazareno è una delle più meschine pastette politiche mai ordite alle spalle dei cittadini (che, va detto, spesso sembrano ben felici di lasciarsi circuire). Dopo l'elezione a Presidente della Repubblica di Sergio Mattarella le veline governative si sono affrettate a raccontare agli italiani della rottura tra Renzi e Berlusconi e della conseguente morte del Nazareno. Niente di più falso, naturalmente: fino a quando lo Spregiudicato e il Pregiudicato avranno bisogno l'uno dell'altro il patto resterà in vita. Anzi, immediatamente dopo l'annuncio della sua prematura dipartita, il Nazareno ha ripreso vigore e si è fatto sempre più florido. Ora Matteo e nonno Silvio possono riprendere la loro corrispondenza di amorosi sensi nel silenzio pressoché generale, fatta eccezione per quei rari gufi (il Fatto Quotidiano, il Movimento 5 Stelle e pochi altri) che alla rottura del patto non hanno mai creduto. E se è vero che tre coincidenze fanno una prova allora è sufficiente ricordare:

1. L'approvazione della legge sulla responsabilità civile dei magistrati, vecchio cavallo di batta-

glia del centrodestra che nemmeno B. aveva avuto l'ardire di cavalcare fino al traguardo;

2. L'alleanza tra Partito Democratico e Forza Italia in vista delle elezioni amministrative di Agrigento, un'allegra ammucchiata di indagati, riciclati e amici di condannati come Riccardo Gallo Afflitto (vicesegretario regionale di Fi, considerato uno dei fedelissimi di Marcello Dell'Utri) o come Marco Zambuto, presidente dell'assemblea regionale del Pd, a margine della Leopolda siciliana organizzata da Davide Faraone affermò senza arrossire: "Totò Cuffaro è stato e resta un amico personale";

3. L'avvio dell'esame del ddl di riforma della Rai che dovrebbe sancire la nascita di una tv di stato che, sono parole del premier, "non dovrà inseguire gli ascolti". Musica per le orecchie di Berlusconi e Confalonieri. Il Nazareno vive e lotta insieme a loro. La rottamazione, invece, non se la passa tanto bene.

In un paese dove le persone preferiscono non guardarsi troppo intorno, quei pochi che ancora conservano la voglia e la capacità di farlo si sono resi conto di come in realtà Matteo Renzi si stia rivelando non un audace rottamatore ma un pervicace restauratore: colui che ha definitiva-

14

mente trasfigurato il Pd, che già non viveva giorni buonissimi, trasformandolo in una sorta di Democrazia Cristiana 2.0: quel grande centro che, in assenza del Pinocchio di Rignano, i vari Formigoni e Casini avrebbero continuato a sognarsi. E se la sua maggioranza di governo richiama alla memoria il Caf di fine anni '80, l'esercizio della sua leadership trae ispirazione, oltre che da Silvio Berlusconi, da Bettino Craxi. Dalla rottamazione alla riesumazione. Eppure questo impareggiabile restauratore è riuscito a costruire la sua impressionante base di consenso (il 40,8% ottenuto alle europee del 2014 è in parte un voto per gli 80 euro ma soprattutto un voto al presunto efficientismo del premier, non certo un riconoscimento dell'acume politico di Pina Picierno o Alessandra Moretti) consegnando di sé agli italiani l'immagine del solerte rinnovatore. Questo è accaduto grazie ad una poderosa campagna di mistificazione costruita attorno al personaggio pubblico di Matteo Renzi. Il leader democratico, con l'aiuto fondamentale dei suoi uomini più fidati, ha lavorato con estrema cura alla costruzione del proprio personaggio, prestando particolare attenzione alle sue apparizioni pubbliche. Qualcuno ricorderà come, durante la sua battaglia per la conquista della segreteria democratica, Renzi venisse quasi quotidianamente immortalato per le strade di Firenze in sella alla sua bicicletta, tanto che che sul web aveva preso ad impazzare il sarcasmo dei detrattori, con corollario di fotomontaggi che ritraevano Matteo sulla due ruote all'interno di improbabili contesti (esilarante ad esempio quello in cui inseguiva il Tom Hanks di "Forrest Gump"). Ma il Paese - con buona pace di chi crede che internet possa cambiare, se non il mondo, almeno l'Italia - non è la rete; soprattutto non andrebbe mai dimenticata la famosa massima di Oscar Wilde: nel bene o nel male, l'importante è che se ne parli. E così, anche grazie ai detrattori internauti, l'immagine del sindaco ciclista, attraverso tg e talk show, entrava di prepotenza nella case degli italiani assieme ad un messaggio preciso ed efficace: mentre i sempre più detestati politici nazionali si nascondevano ai cittadini salendo a bordo delle loro auto blu, il giovane primo cittadino di una delle più belle città del mondo, certamente non tra le più semplici da amministrare, pedalava in mezzo alla sua gente esponendosi tanto agli applausi quanto alle critiche. E naturalmente si trattava di un pedalare che racchiudeva in sé molteplici significati, in primis quella del politico molta azione e poche chiacchiere che si dava da fare per la sua città. Quella perlomeno era l'apparenza; la verità sui mezzi usati da Renzi per spostarsi nella sua città la raccontano i giornalisti Alberto Ferrarese e Silvia Ognibene nel loro "Matteo il Conquistatore" (Giunti, 2013): "A volte a favore di operatori e fotografi il rottamatore non disdegna un trucco: la macchina (elettrica) parcheggiata dietro l'angolo. Il cambio è rapido: scende dall'auto prende le due ruote e si mostra a telecamere e fotografi. Poi oplà, di nuovo in bici. Destinazione? L'auto dietro l'angolo dove affida la due ruote superecologica ad un assistente che riporta il mezzo in Palazzo Vecchio, mentre Renzi sale in macchina". Le bugie hanno le forcelle corte, ma per fortuna di Matteo già allora l'informazione preferiva aderire alla realtà alternativa propugnata dalla narrazione renziana. D'altra parte faceva molta più notizia un Renzi pedalante piuttosto che una tediosa assemblea Pd. E soprattutto distraeva le masse dalla clamorosa avanzata di quel Movimento 5 Stelle che, proprio in quei giorni, con Pizzarotti conquistava un'importante capoluogo di provincia come Parma.

2. Dannata festa delle medie

Secondo il racconto agiografico dei media, l'augusto destino di Matteo Renzi era segnato fin dalla più tenerà età. "Già da piccolo", confidava nel 2014 al settimanale "Chi" don Giovanni Sassolini, ex parroco di Rignano sull'Arno, "si capiva che Matteo sarebbe stato il numero uno. L'ho conosciuto a sette anni e già aveva la stoffa del leader. Ed era un bravo chierichetto". Questa precoce attitudine al comando non dovrebbe stupire se si considera che già a cinque anni, secondo il racconto dell'amico di famiglia (e compagno di partito del padre) Paolo Nannoni "aveva già imparato a leggere il giornale e lo leggeva per tutti". Un talento in erba, il piccolo Matteo. I vecchi compagni di classe delle elementari ricordano che già all'epoca "sapeva difendersi molto bene a parole: usava un linguaggio appropriato e forbito". E aveva già ben chiara nella sua giovanissima mente la direzione da imprimere al suo cammino: "Nei temi noi alunni 'normali' scrivevamo che da grandi volevamo fare il pompiere, il calciatore, la maestra. Lui aveva una sola idea in testa: diventare Presidente della Repubblica". Mentre il giovane Renzi cresceva, la sua aura da predestinato si faceva sempre più scintillante; la ex compagna di scuola (e oggi di partito) Daniela Vescarelli non ha dubbi: "Alle medie era uguale a ora: aveva tre marce più degli altri, parlava soltanto di politica e Costituzione". Facile immaginare quale interesse dovessero suscitare sui dei ragazzini in età prepuberale le dotte disquisizioni sugli articoli della Carta del futuro premier. Di fronte a cotanto profluvio di perfezione e vocazione, Ilaria Ulivelli - giornalista del quotidiano "La Nazione" - ci tiene a rassicurare il popolo sulle origini terrene di Matteo: "Renzi è stato anche un bambino come tutti, goloso del gelato (il Duetto: vaniglia e cioccolato tra due biscotti) con un debole per la pizza: l'avrebbe mangiata a colazione, pranzo e cena. A merenda, non ci stava male un occhio di bue alla marmellata d'albicocche dal Feroci, il bar in piazza, a Rignano". Ebbene sì: nonostante le apparenze, Renzi non trascorreva tutto il suo tempo a conversare con i Dottori della Legge nel tempio di Gerusalemme, a volte era "anche" un ragazzino come gli altri. E come gli altri coltivava la passione per il calcio, sport che naturalmente praticava con risultati eccellenti: "L'era un bel mediano Matteo, aveva i piedi grezzi ma il carisma del

20

leader", garantisce Gianluca Toti, suo ex allenatore nelle giovanili della "Rignanese". Uno dei dirigenti della squadra, Romano Bagnoschi, condivide l'entusiastico giudizio: "Bel giocatore, Matteo. E che carattere! Anche se era il più piccolo lo facevano sempre capitano. Poi a sedici anni, quando capì che voleva comandare e decidere tutto lui, andò a fare l'arbitro". Un brillante futuro calcistico sacrificato sull'altare dell'egocentrismo? Don Sassolini ha un ricordo leggermente diverso in merito al passaggio di Renzi dal calcio giocato all'arbitraggio, e della sincerità di un prelato proprio non ce la sentiamo di dubitare: "A calcio voleva sempre vincere, ma non era molto dotato. Alla fine si riciclò come arbitro". Il sacerdote rivela inoltre come la ormai nota vis comica del Presidente del Consiglio si fosse già palesata durante l'infanzia: "Aveva dieci anni e il ciuffo, si divertiva a buttare i capelli all'indietro con la mano: allo spettacolo parrocchiale fece l'imitazione di Vittorio Sgarbi. Quanto ci siamo divertiti!". Immaginiamo le matte risate degli astanti, e prepotente ci assale il rammarico per non essere stati testimoni di questo irripetibile momento di humor. Oltre ad essere stato un fervente chierichetto, Renzi - è fatto ormai risaputo - per lungo tempo ha fatto parte dei boy scout; meno noto è un episodio accaduto durante la sua gioventù, proprio in occasione di un'escursione con gli scout: si tratta di una vicenda che certifica la virile audacia del premier e potrebbe financo svelare il possesso da parte sua di poteri che vanno ben al di là della mera dimensione terrena. A raccontarla ai microfoni di "Repubblica Tv", in qualità di testimone diretto dell'episodio, è stato Samuele Fabbrini, attualmente capogruppo Pd nel consiglio comunale di Pontassieve: "Che avesse doti eccezionali lo capii molti anni fa. Io e Matteo ci siamo conosciuti da giovani, io avevo sedici anni e lui venti. Ci eravamo persi nel bosco e durante la notte i cinghiali cominciarono ad avvicinarsi. Matteo riuscì a tenerli alla larga: prese la chitarra e si mise a suonare. Cantava e suonava. Voce e chitarra. Guccini, canti scout. Lo fece per tutta la notte, per tenerli lontani. Ci riuscì. Una cosa fenomenale". Non nutriamo dubbi sul fatto che un branco di cinghiali, udendo le canzoni del povero Guccini dilaniate dalla voce e dalla chitarra di Renzi, fuggirebbe a gambe levate temendo di subire la stessa sorte. In realtà chi li conosce sa bene che questi animali, schivi per loro natura,

22

tendono a mantenersi a debita distanza dall'uomo e, se proprio si rende necessario allontanarli, è sufficiente battere le mani per farli scappare, tant'è che ad oggi non sono note rilevanti aggressioni all'uomo da parte di cinghiali, se non sporadici casi di cacciatori (ma si parlava di uomini) caricati da prede ferite. Non c'è alcun bisogno di deturpare "La locomotiva" o "Il vecchio e il bambino" per mettere in fuga un cinghiale, per il semplice motivo che il cinghiale si fa i fatti suoi. E' probabile che l'aneddoto raccontato da Fabbrini, ammesso che riporti un fatto realmente accaduto, sia "leggermente" pompato al fine di alimentare la mitologia del predestinato e dell'uomo tutto d'un pezzo. I menestrelli renziani ci raccontano la storia di un premier il cui cammino, fin dall'infanzia, è già tracciato. E porta dritto alla leadership. Una sorta di certificazione del fato, in un paese dove la metà dei cittadini in un anno non compra mezzo libro ma, in compenso, legge ogni giorno l'oroscopo. In realtà non appena ci si sposta dal piano agiografico e si cambia prospettiva, il passato di Renzi (in particolare l'infanzia e l'adolescenza) perde i contorni della fiaba. Proviamo appunto a considerare la narrazione fin qui esposta adottando un diverso punto di vista: il giovane Matteo è un ragazzino paffutello, certamente non il più ricercato da compagne di scuola e amiche, fa il chierichetto ed è boy scout. L'antropologa Amalia Signorelli, abbandonando ogni ipocrisia, proprio parlando di Renzi ha a suo tempo ben sintetizzato la maniera in cui vengono visti dall'esterno i membri dell'associazione fondata da Sir Robert Baden-Powell: "Quando eravamo bambini il detto era: i boy scout sono dieci bambini vestiti da cretini guidati da un cretino vestito da bambino". Con tutto il rispetto per lupetti, esploratori e capi, tutti sanno che l'opinione espressa dalla Signorelli è largamente condivisa nell'opinione pubblica: questa è la fama di cui godono gli scout al di fuori della loro associazione, soprattutto tra gli adolescenti. Casa, chiesa, esercizi spirituali, canti scout, fisico non propriamente atletico: la realtà più verosimile, con buona pace dell'iconografia ufficiale, è che il Renzi bambino e adolescente non dovesse essere baciato dalla popolarità al di fuori del ristretto circolo chiesa-scout. E forse anche in quell'ambiente, dove con ogni probabilità sfogava a suon di balle i suoi insuccessi sociali, era più tollerato che benvoluto (al liceo, ricorda un suo compagno, era stato ribattezzato "il

24

bomba" in virtù della gragnola di panzane che era solito riversare sui malcapitati interlocutori). Una situazione difficile da digerire per il giovane Matteo che probabilmente già all'epoca smaniava per ottenere dagli altri incondizionata ammirazione. Nell'edizione aggiornata del suo "Non è tempo per noi" (BUR-Rizzoli, 2014) Andrea Scanzi scrive: "Tutti i miei coetanei hanno avuto un Renzi in classe: era quasi sempre quello bruttino che pareva uscito da 'Tapparella', una delle canzoni più ispirate di Elio e le Storie Tese". Per chi non lo conoscesse, il brano della scanzonata band milanese tratteggia l'identikit del classico preadolescente perdente, quello che nei suoi coetanei suscita lo stesso moto di simpatia di un cipresso all'ingresso di un camposanto; il "fantastico zimbello" oggetto di sistematico scherno da parte dei compagni di scuola. Quello che, pur sapendo di essere ospite sgradito ("Se serve vi porto i dischi, così potrete ballare i lenti", "Porta pure ma non entri"), si presenta comunque alla "maledetta festa delle medie" per poi ritrovarsi a scontare la totale indifferenza degli altri partecipanti ("Temporeggio bevendo spuma", "Danzo da solo e me ne vanto"). Più che l'anima, l'anonimo della festa. Questo è il più verosimile ritratto del ballista da giovane (chiediamo perdono a James Joyce per la licenza): un ragazzino prossimo all'insignificanza che, roso dall'ansia di piacere a tutti, finisce per stare sugli zebedei praticamente a chiunque. Ma l'adolescente Renzi, persona intelligente e scaltra, non si è dato per vinto. Ed esattamente come il protagonista di "Tapparella", non ha mai deglutito "l'amarissima aranciata" della resa. Al contrario: come il nano di Fabrizio De Andrè, che una volta diventato giudice trova il modo per vendicarsi dei torti subiti in gioventù, dopo anni trascorsi a coltivare sentimenti di rivalsa, Matteo ha individuato nel potere non solo una possibile valvola di sfogo per le sue frustrazioni, ma soprattutto il mezzo per ottenere riscatto. Per Renzi il potere non è un traguardo ma un mezzo per giungere a qualcosa di molto più importante per la sua persona: il riscatto individuale. Che si parli dello scoutismo o del Partito Democratico, poco cambia: è per se stesso che Renzi ha sempre lavorato, mai per il gruppo. Ciò che veramente gli stava a cuore era raggiungere una vetta con la massima rapidità: gli scout - nonostante avesse fatto strada nell'associazione,

tanto da diventare direttore del mensile naziona-

le "Camminiamo Insieme" - non gli bastavano
più. E l'ormai affermato berlusconismo, con la
sua corte dei miracoli, era lì a dimostrargli che la
politica poteva essere una via per l'affermazione.
E per ottenere questo risultato il centrosinistra
era giocoforza il mezzo più idoneo; dall'altra
parte la cima non era "scalabile", per usare
un'immagine tanto cara al premier: il vecchio e
potente satrapo alla guida del centrodestra non
era certo persona favorevole alla rottamazione
senza incentivi, specialmente alla propria. Con
ogni probabilità lo avrebbe schiacciato senza
particolari patemi, come già aveva fatto con tutti
i suoi ipotetici delfini e Renzi non aveva alcuna
intenzione di essere condannato all'irrilevanza
come un Gianfranco Fini qualsiasi. Molto più
prudente proporsi come alternativa a quell'anzia-
no tiranno in realtà così simile a lui; sfruttare le
comuni caratteristiche - comunicazione da imbonitore televisivo, battuta pronta, spregiudicatez-
za, quel po' di cialtroneria alla Bruno Cortona de
"Il sorpasso" che tanto piace agli italiani e soprattutto una visione politica sotto molti aspetti
affine - aggiungendo i surplus dati dalla giovane
età e dalla (quasi) immacolata storia personale.
Uguale ma diverso. Sapeva bene Renzi di non

avere competenze e preparazione adeguate al ruolo di leader, ma era anche certo - e gli ultimi vent'anni di storia italiana non possono che dargli ragione - del fatto che queste sono qualità secondarie per molti di quegli italiani che, come sosteneva Indro Montanelli, non cercano una guida ma un padrone da servire. E' sulla base di questa convinzione che Matteo ha costruito la sua carriera, tassello dopo tassello. Nascondendo l'inesperienza e il pressapochismo sotto al tappeto della finzione. Rileggendo oggi i suoi libri e le sue interviste risulta evidente che non c'è un singolo tema sul quale Renzi, una volta diventato Presidente del Consiglio, abbia mantenuto una linea coerente con le sue presunte convinzioni passate. E' vero che nella vita nulla, anche dentro noi stessi, è immutabile e che, come scriveva James Russell Lowell, "solo i morti e gli stupidi non cambiano mai opinione". Ma solo gli ipocriti e i calcolatori le cambiano tutte. Resta da chiedersi se Matteo Renzi sia un ipocrita oppure un calcolatore. O entrambe le cose.

3. Il "Bomba" che non impegna

"Rassegnati all'impotenza, i politici rinunciano all'idea forte, alla visione di ampio respiro. Vivono alla giornata, senza mettere mano, una volta per tutte, alle regole del gioco (...) e nel frattempo sconosciuti signor nessuno, di fronte al proprio monitor, continuano a decidere per tutti. Anche per te, anche per me". No, non si tratta di una veemente tirata anti-casta di Beppe Grillo. Queste parole sono state scritte da Matteo Renzi per il suo libro "Stil Novo" (Rizzoli, 2012), pubblicato a ridosso di quelle elezioni primarie che lo avrebbero visto sconfitto da Bersani. Nelle quasi duecento pagine del volume (che, anche se non passerà alla storia per i suoi contenuti, può vantare una delle più agghiaccianti copertine della storia dell'editoria italiana) è custodita non la visione politica renziana, bensì l'idea di sé che il premier intendeva trasmettere agli italiani, riverberata anche - o per meglio dire soprattutto - da un'incessante susseguirsi di interviste, partecipazioni a feste di partito, convegni, apparizioni televisive. In "Stil Novo" Renzi rievoca personaggi ed episodi del passato che hanno reso grande la città di Firenze (di cui all'epoca era an-

cora sindaco) per mettere alla berlina l'incapacità
e il malcostume della classe politica italiana. Nel
farlo ascrive se stesso non a quella classe politica tanto detestata e vilipesa dagli italiani, ma alla
moltitudine di cittadini che si sentono schiacciati
dal peso di un potere e di un apparato burocratico che pare perpetuarsi con il solo fine di nutrire
i bisogni dei soliti noti, lucrando sulle finanze e
sulle aspettative (puntualmente tradite) dei cittadini. Matteo espone le sue opinioni, che sono
quelle dell'uomo della strada: le stesse che tutti
noi possiamo ascoltare ogni giorno al bar sotto
casa, o sul posto di lavoro, o durante le discussioni tra amici. Quasi fosse altro da sé (all'epoca
era già stato presidente della provincia di Firenze e segretario provinciale di Margherita e Ppi),
Renzi si scaglia a muso duro contro quei politici
che "entrando in parlamento si sganciano totalmente dalla realtà", spiegando come la loro per-
dita di consenso sia figlia dell'incapacità (o della
mancanza di volontà) di fare ciò per cui vengono
pagati, ovvero "parlare il linguaggio della verità"
e "realizzare cose concrete". Deplora la loro
mancanza di coraggio ricordando che "uno statista ci mette la faccia, parla a viso aperto, si espone". Se la prende con alcuni dei più deprecati

mali storici che affliggono la politica italiana, primi fra tutti nepotismo e favoritismi assortiti: "Quando si fa politica si dovrebbe pensare ai figli, come è giusto. Ma ai figli di tutti, non ai propri"; accade invece che "una mano lava l'altra, e tutte e due sporcano il viso di un'Italia che dovrebbe essere fondata sul merito, sul talento, sulla creatività"; un'Italia "dove si dovrebbe trovare lavoro perché si conosce qualcosa, non perché si conosce qualcuno", ma dove al contrario le cose funzionano assai diversamente: "Nel corso dei decenni passati si è affermato un atteggiamento raccapricciante, utilizzare le aziende come valvole di sfogo. Ti assumo lì così ti sistemo. Un malvezzo, quello trovare poltrone per parenti e amici (che siano i propri o quelli di altri politici), a cui lui sostiene di avere posto fine: "Da quando sono sindaco non ho mai discusso con i partiti i nomi delle persone che stanno nelle aziende municipalizzate: le scelgo io perché ne rispondo io". Che dire poi di chi dalla politica trae vantaggi a dir poco inopportuni? Anche su questo tema Renzi ha le idee molto chiare: "Quando un ex ministro dichiara 'se scopro che qualcuno mi ha pagato la casa a mia insaputa procedo per vie legali', non è che si sta arrampicando sugli specchi, poverino. E' oltre. Non si rende conto di come funziona la vita per gli italiani: che ci sono le banche, che per comprare la casa si accendono dei mutui. Prendere gli assegni da altre persone per comprarsi la casa non sta bene. Non si fa". Per non parlare di quei troppi benefit di cui gode la classe politica e che tanta indignazione suscitano negli italiani: "Il concetto è chiaro: puoi chiedere agli italiani tutti i sacrifici che vuoi, ma se poi ti tieni tre pensioni e indennità da capogiro (...) come puoi pensare di convincere il paese?". Ma uno dei nemici giurati dei cittadini italiani, com'è noto, è la burocrazia; nel suo libro Renzi entra nel merito della questione con estrema chiarezza: definisce l'Italia una "Repubblica democratica fondata sul cavillo" , un paese nel quale "la piovra burocratica stritola tutto, anche e soprattutto le buone intenzioni (...) perché c'è sempre un ufficio da sentire, un parere da vagliare, un'interpretazione da attendere". Si tratta di analisi difficilmente criticabili, qualunque sia il proprio giudizio su Matteo Renzi.

Non deve creare disagio il fatto di concordare con le posizioni espresse dal premier nel 2012: chi non pensa che dovrebbe essere il merito e non la spintarella a muovere le carriere lavorative delle persone? Chi non pensa che i politici siano, quando va bene, troppo pavidi? Chi non si è mai sentito tartassato, schiacciato da una macchina burocratica lontanissima dai bisogni delle persone? Impossibile non trovarsi d'accordo con quella che non è nulla più di una scontata enunciazione di tutti quei mali che storicamente ammorbano la politica (e più in generale la società) italiana. La "copia di mille riassunti" (per dirla con Samuele Bersani) del buon senso popolare. Il sistema meno impegnativo per accalappiare consensi. Chi casomai dovrebbe provare un sincero imbarazzo nel rileggesi in quelle parole è l'autore del libro, colui che per riformare il sistema burocratico italiano ha affidato il Ministero della Pubblica Amministrazione e della Semplificazione a quella Marianna Madia che, al suo esordio come parlamentare, nel 2008, dichiarò con inaudito candore "porto in dote la mia straordinaria inesperienza". Quello stesso premier che, quando ricopriva l'incarico di sindaco di Firenze, tra giunta, municipalizzate e aziende partecipate sistemò decine di collaboratori, amici e amici degli amici. Il pugnace fustigatore dell'altrui malcostume che, lungi dal ricevere assegni per comprarsi la casa, non ha avuto alcun tentennamento quando si è trattato di fruire per tre anni di un pied-à-terre in pieno centro il cui affitto veniva gentilmente pagato da Marco Carrai, suo migliore amico nonché finanziatore e membro (assieme a Maria Elena Boschi) del consiglio direttivo della renziana Fondazione Open e, durante la permanenza di Renzi a Palazzo Vecchio, alla guida di Firenze Parcheggi e Aeroporti Firenze. Oggi Matteo vive in una casa di sua proprietà, per la quale paga regolarmente il mutuo di tasca propria, mentre l'amico Carrai, sempre attraverso Fondazione Open, si limita a pagargli il telefono cellulare. Chi non li vorrebbe degli amici così generosi che, mossi esclusivamente da un sentimento di affetto sincero, ti offrono il loro sostegno economico senza aspettarsi nulla in cambio? Quanto al nepotismo, riteniamo inutile rammentare come un ministro del governo Renzi sia stato costretto alle dimissioni a causa di un Rolex e un posto di lavoro cortesemente elargiti al proprio figlio, e come il decreto sulla riforma delle banche popolari sia stato interpretato dai soliti gufi sospettosi e prevenuti come un regalo a quella Banca Etruria il cui vicepresidente era - in maniera del tutto incidentale, ne siamo certi - Pier Luigi Boschi, padre del

Ministro per le Riforme Costituzionali.

Alla fine Renzi, anziché "mettere mano, una volta per tutte, alle regole del gioco", come prometteva in Stil Novo, ha finito per affondare le braccia nella melma dei soliti vizi della politica italiana. E le promesse di cambiamento sono rimaste tali. Vale la pena riportare poche altre righe tratte da quel libro; parole che rilette oggi testimoniano chiaramente come la malafede sia stata il principale strumento politico adoperato da Matteo Renzi per varcare prima la soglia della segreteria del Nazareno e poi di Palazzo Chigi: "Il futuro è nelle mani di chi è in grado di prendere i voti delle persone, non solo di chi ben si destreggia nei palazzi delle grandi manovre. (...) Vincerà chi saprà raccontare meglio una storia credibile. (...) Chiedono bellezza i cittadini globali del XXI secolo. Chiedono emozioni e un progetto nel quale credere. Chiedono di essere coinvolti, non ammaestrati con tre slide e due battute". Torna alla mente un verso dell'Amleto di Shakespeare: "O vergogna, dov'è il tuo rossore?".

4. Donne in cerca di guadi

Esiste almeno un tema sul quale Renzi abbia dimostrato un minimo di coerenza tra promesse e azioni? Almeno sulla questione delle donne in politica la risposta sembrerebbe affermativa. "La mancanza di donne ai vertici della classe dirigente italiana" - sosteneva durante le primarie dem del 2012 - è una delle autentiche emergenze del nostro paese". E sul suo libro "Oltre la rottamazione" (Mondadori, 2013) assicurava che il Pd, qualora lui ne fosse divenuto segretario, si sarebbe occupato del problema "non una volta l'anno ma tutti i giorni". A distanza di oltre diciotto mesi dalla sua investitura a leader del Partito Democratico (e a più di un anno dal suo insediamento a Palazzo Chigi) la tesi che Matteo Renzi, almeno all'interno del suo partito e del suo esecutivo, abbia concretamente affrontato il tema delle presenze femminili in politica, è ancora sostenibile? Calcolando il numero di donne del Pd portate al governo, in Senato, alla Camera, al Parlamento Europeo e le candidate alle regionali 2015 per la guida di importanti realtà quali Veneto e Liguria, la risposta parrebbe affermativa. Se però dallo scorrere una lista di nomi si passa alla valutazione delle capacità e del peso politico delle singole esponenti, la questione si fa controversa. Su "Stil Novo" Renzi prendeva a modello di forza ed emancipazione la giornalista Oriana Fallaci, descrivendola come "una delle più coraggiose figure del giornalismo mondiale del XX secolo. Una donna capace di definire 'cencio inutile' il chador, togliendoselo davanti all'ayatollah Khomeini, che non era propriamente un moderato pacifista". Comunque la si pensi sulle opere e sui pensieri della Fallaci, soprattutto quelli più divisivi espressi tra l'attentato alle Twin Towers del settembre 2001 e la sua morte avvenuta nel 2006, risulta difficile non trovarsi d'accordo con quanto scritto dal premier. Sfortunatamente le donne da lui sistemate ai vertici del mondo politico paiono essere totalmente sprovviste dell'indipendenza, della forza d'animo, della curiosità intellettuale e della straordinaria cultura che caratterizzavano la persona della scomparsa scrittrice fiorentina: dalla parlamentare europea Pina Picierno (tristemente celebre per le ormai incalcolabili gaffes collezionate, come quando chiese a Pierferdinando Casini di "porre fine alla politica del dolce forno" facendo evidentemente confusione tra i suoi ricordi d'infanzia e la "politica dei due forni" di andreottiana memoria) ad Alessandra Moretti (candidata alla guida della regione Veneto, teorizzatrice dello stile "ladylike" in politica e massima autorità in tema di cerette brasiliane e trattamenti viso), passando per Marianna Madia, nota ai più per essere stata investita della carica di ministro a sua insaputa (era impegnata a guardare Peppa Pig: potrebbe sembrare una battuta, invece è la drammatica realtà così come raccontata da lei stessa. E' probabilmente in virtù di queste sue credenziali che Renzi deve avere deciso di affidarle il Ministero per la Semplificazione). E poi c'è lei, la più amata dai rotocalchi italiani: madonna Maria Elena Boschi, celestiale Ministro per le Riforme Costituzionali. La più desiderata e paparazzata. Ad oggi continuano a risultare non pervenuti i meriti politici che le sono valsi lo scranno ministeriale, se non l'encomiabile zelo quotidianamente dedicato alla pedissequa divulgazione del verbo renziano e l'impegno profuso nello smembramento della Carta Costituzionale, grazie anche al prezioso supporto tecnico del noto accademico Denis Verdini. La sensazione è che la preparazione non sia propriamente il faro che illumina il premier nella scelta delle donne da introdurre presso i vertici politi-co-istituzionali. Eppure il premier nel 2010 pare-va seriamente intenzionato, almeno a parole, ad utilizzare criteri diversi nella scelta delle sue donne e dei suoi uomini rispetto a quelli talvolta adottati fino a quel momento all'interno del Pd: "E' mai possibile" - si interrogava con fare pen-soso Renzi ai tempi della prima edizione della Leopolda - "che questo partito abbia scelto il ca-sting invece delle primarie?". L'interrogativo era legittimo. Già ai tempi delle elezioni del 2008, la scelta veltroniana di alcuni candidati non sembrò guidata da ragioni strettamente politiche: dagli imprenditori Matteo Colaninno e Massimo Ca-learo ad Antonio Boccuzzi, unico sopravvissuto nel dicembre 2007 al drammatico incendio alla Thyssen di Torino, le ragioni di certe candidatu-re parvero soprattutto di facciata. Era dunque sa-crosanto interrogarsi sulla bontà di quelle scelte e sulla correttezza di quella metodologia nella scelta dei propri rappresentanti. Se poi, con l'av-vento di Matteo, dalle parole si fosse passati ai fatti - ovvero candidature ed incarichi basati esclusivamente sulle capacità - allora le cose nel Pd avrebbero potuto davvero cambiare: si sareb-be potuto assistere ad una vera rottamazione, ancora più importante di quella delle persone. Quella di certi metodi. Purtroppo così non è stato: con il Partito Democratico guidato da Matteo Renzi si è addirittura andati oltre il casting, estremizzandolo nella primavera del 2014 quando, in occasione delle elezioni per il Parlamento Europeo, il premier - nella doppia veste di selezionatore e giudice - decise di candidare cinque donne come capolista nelle cinque circoscrizioni elettorali. Naturalmente senza sottoporle al giudizio dei cittadini attraverso lo strumento delle primarie. Le prescelte furono Alessia Mosca, Alessandra Moretti, Simona Bonafè, Pina Picierno, Caterina Chinnici: nella cinquina soltanto quest'ultima pareva davvero seria e competente. In una parola, credibile. Non è dunque un caso se durante quella campagna elettorale, imperniata esclusivamente sui famosi 80 euro in busta paga e sull'elencazione di promesse a babbo morto, fu l'unica capolista democratica a non apparire praticamente mai in televisione dove invece per oltre un mese e mezzo imperversarono Bonafè, Moretti e la Picierno con il suo mestamente noto scontrino della spesa sventolato a "Ballarò", ad esaltare la manovra del bonus quale provvedimento salvifico per le numerose famiglie in difficoltà e determinante per quella ripresa dei consumi che l'Italia, a distanza di un anno, sta ancora attendendo. Quella campagna elettorale fu interpretata da Renzi (giunto a Palazzo Chigi senza quel consenso popolare da cui aveva sempre sostenuto di non volere prescindere) e non solo da lui, come un referendum sulla sua persona prima ancora che sul suo partito: aveva dunque necessità di esibire non candidate preparate ma enfatiche imbonitrici ben addestrate a ripetere gli spot del capo. Negli ultimi mesi le presenze televisive di alcune "storiche" ancelle renziane (ad eccezione della Moretti, rilanciata grazie alla sua candidatura a governatore del Veneto, e della Bonafè che, come tutto ciò che ha puro carattere decorativo, è adatta per ogni occasione) si sono fatte più sporadiche, un po' perché il renzismo vive di velocità e conseguentemente di ricambio (ovviamente di facciata) ma soprattutto perché giorno dopo giorno si faceva più concreto il rischio che un numero sempre crescente di telespettatori prendesse coscienza della loro abissale incapacità. Negli ultimi mesi nuove domestiche del Principe Matteo hanno cominciato ad affermarsi negli studi televisivi: presenze tanto ornamentali quanto politicamente impalpabili. Cambiano le facce, non muta l'inconsistenza. La gradevolezza al potere. Le renziane non sono mai donne pienamente belle o conturbanti, non devono fomentare l'ostilità di quel pubblico femminile particolarmente geloso dell'altrui bellezza: a ben guardare, al netto dell'angelico e rassicurante viso, ci sono maggiori probabilità di individuare tracce di femminilità in un crisantemo che in Lady Boschi. Soprattutto in virtù del fatto che il crisantemo, chiuso nel suo naturale mutismo, non rischia di perdere punti. Il compito delle donne di Renzi è quello di adempiere con ligio senso del dovere al loro ruolo di suppellettile del leader. Perfette come bersaglio per uno scoop estivo o per patinate interviste sui loro amori e sul loro privato; ottime per presentarsi in televisione a ripetere le lezioni del capo mandate a memoria. Decisamente meno credibili nella veste di autorevoli amministratrici della cosa pubblica. Queste donne devono tutto a Matteo Renzi, il quale ha rappresentato un'imprevedibile svolta per la loro vita: il segretario Pd si è rivelato per loro una sorta di guado per passare dalla riva dell'insignificanza politica a quella del successo. A lui devono tutto, e non lo dimenticano. In questo senso il modello di riferimento di Renzi, più che Oriana Fallaci, pare quello della droide signorsì descritto su "Il Fatto Quotidiano" da Andrea Scanzi: "La droide renziana è molto di moda nei salotti televisivi. Generalmente di bell'aspetto ma non troppo, replica i dettami del Gran Capo e dà colore all'arredo. Il modello non è in realtà nuovissimo, derivando infatti dal celebre Protocollo C3B0 Berlusconiano, di moda a cavallo tra i Novanta e gli Anni Zero grazie ai prototipi Carfagna Algida e al malfunzionante Ravetto BlackBerry". Anche se il modello Carfagna, confrontato a quello Moretti, pare quasi Tina Anselmi.

5. Nemici amatissimi, amici odiatissimi

"Diamo un hashtag: #enricostaisereno. Vai avanti, fai le cose che devi fare. Io mi fido di Letta, è lui che non si fida. Non sto facendo manfrine per togliergli il posto". Questa dichiarazione, rilasciata da Renzi a Daria Bignardi durante la puntata de "Le Invasioni Barbariche" del 17 gennaio 2014 (esattamente un mese prima di ricevere da Napolitano l'incarico per la formazione del nuovo governo), rappresenta per molti italiani l'emblema della defenestrazione di Enrico Letta e del suo esecutivo. Un'operazione in perfetto stile Prima Repubblica, non propriamente in linea con lo spirito di rinnovamento propugnato su e giù per l'Italia dal bugiardo di Rignano durante la sua marcia alla conquista della segreteria democratica. In realtà la serenità di Letta (e di buona parte dei vertici del Pd) era andata irrimediabilmente perduta già da diverse settimane, segnatamente da quell'8 dicembre 2013 che aveva visto concretizzarsi ciò che ormai era considerato scontato non solo all'interno del Pd ma nell'intero paese: l'affermazione di Renzi alle primarie dem, ad un anno di distanza dalla sconfitta subita contro Pierluigi Bersani. Durante quei dodici mesi molti accadimenti avevano contribuito a costruire la vittoria del Grande Impostore: la mazzata delle elezioni del febbraio 2013, il fallimento dell'operazione "smacchiatura", la famosa spallata (a regia renziana) dei 101 parlamentari democratici che aveva mandato in fumo la candidatura a Presidente della Repubblica di Romano Prodi e causato le dimissioni di Pierluigi Bersani. E infine la nascita del governo Letta, ancora una volta un esecutivo di coalizione visto dagli italiani come l'ennesimo inciucio, con la sua squinternata compagine ministeriale e la pressoché totale assenza di strategia. Tutto questo aveva giovato alla causa di Matteo Renzi il quale, dal canto suo, non aveva smesso per un solo attimo di lavorare ai fianchi e logorare il governo ed i vertici del suo partito. L'esito delle primarie 2013 (complici i non propriamente agguerriti avversari: Cuperlo, Civati e Pittella) era dunque scontato, i risultati semplicemente ufficializzarono ciò che da mesi era nell'aria. Immediatamente dopo l'ufficializzazione della sua vittoria, Renzi si presentò sul palco del teatro Obihall di Firenze, davanti ai suoi esultanti sostenitori, per tenere il suo primo discorso da segretario del Partito Democratico; un discorso che viaggiava su un doppio binario: da una parte la promessa di rinnovamento politico che era stata principale motore della sua affermazione ("Ai teorici dell'inciucio diciamo che con la nostra vittoria vi è andata male."), e dell'altra le rassicurazioni al vecchio gruppo dirigente ("Da stasera la corrente dei renziani è ufficialmente sciolta, ammesso che sia mai esistita. Sarà la prima ad essere rottamata."). Non una parola venne spesa per Enrico Letta e per il suo esecutivo. Di lui Renzi cominciò a parlare il giorno successivo, in occasione della conferenza stampa di presentazione della sua segreteria, quando si lasciò andare ad una dichiarazione pregna di nobilissimo spirito di collaborazione: "Il punto non è fare cadere il governo ma fargli ottenere dei risultati". L'ipotesi di sfiduciare Enrico Letta con l'obiettivo di prendere il suo posto, magari siglando un patto di non belligeranza con Forza Italia (che da poche settimane si era sfilata dalla maggioranza governativa) veniva respinta con sdegno: "Se tra noi c'è qualcuno che sogna soluzioni inciuciste se le scordi". La presidenza del consiglio non era nei suoi piani, come spiegò con parole non fraintendibili durante la conferenza stampa di fine anno a Palazzo Vecchio, il 23 dicembre: "Io mi ricandido a fare il sindaco di Firenze per altri cinque anni. Punto". Concetto ribadito a più riprese nei primi giorni del 2014, prima a margine di una riunione della segreteria del Pd ("Nessuno sta mettendo in discussione l'esistenza del governo. (...) Basta giochi della politica, io non voglio poltrone."), poi in una lunga intervista concessa al "Corriere della Sera" il 12 gennaio: "Certo, il governo proseguirà per tutto il 2014. (...) Le mie ambizioni personali sono meno importanti delle ambizioni del paese: io sono in squadra. (...) Con Letta non si rischia nessuna rottura. Io voglio dargli una mano, mi sento legato a un vincolo di lealtà. Enrico non si fida di me, ma sbaglia. Io le cose le dico in faccia e sono le stesse che dico in pubblico: non uso registri diversi. Ma impareremo a conoscerci". La conoscenza si interrompe invece assai bruscamente poco più di un mese dopo, in quel 22 febbraio 2014 che vede il passaggio di consegne tra Renzi e Letta durante la tradizionale cerimonia "della campanella" che passerà alla storia come la più glaciale e rapida nella storia di Palazzo Chigi. Durante quei quaranta giorni il leader democratico si era giocato la partita per la conquista di Palazzo Chigi attraverso due strategie opposte: da una parte la rottamazione (una delle poche realmente portate a termine) dell'amico odiatissimo Enrico Letta, dall'altra la resurrezione politica di nonno Silvio che con il patto del Nazareno (siglato il 18 gennaio 2014) garantiva a Renzi i voti di Forza Italia. Naturalmente nessun cittadino, assegnando la sua preferenza al Pd in occasione delle elezioni politiche del febbraio 2013, aveva dato mandato a qualsivoglia persona di formare un governo di larghe intese (da leggersi inciucio) con Berlusconi, né tantomeno di stipulare con lui patti che prevedessero lo stupro della Carta Costituzionale attraverso una serie di riforme canaglia scritte sotto diretta ispirazione del plurinquisito Denis Verdini. Di certo nessuno si sarebbe aspettato questa condotta da parte di quel giovane rottamatore che - era settembre 2012 - su Twitter scriveva "Berlusconi sa bene che se vinciamo noi lui è il primo rottamato" e che tre mesi dopo, questa volta su Facebook, rispondeva all'invito di nonno Silvio ad entrare a far parte del centrodestra con parole stizzite: "Caro Presidente Berlusconi te l'ho già detto due volte di persona. Le cose si possono comprare, le persone no. Non tutte almeno. Io no. Se hai lasciato le porte aperte per me, accetta un consiglio: chiudile! Non servono. Ciao". A discolpa di coloro che votarono Pd nel febbraio del 2013 e Renzi alle primarie del dicembre successivo, va detto che certamente non potevano conoscere il vero pensiero del Grande Impostore. Ovvero che certe persone non possono essere comperate per il semplice fatto che preferiscono comperare.

6. Osservate attentamente

Ogni numero di magia è composto da 3 parti o atti. La prima parte è chiamata "La Promessa". L'illusionista Matteo vi mostra qualcosa di ordinario, ad esempio un accordo sottobanco in stile Prima Repubblica, o una trama di inganni e bugie per spodestare un governante e prendere il suo posto. Magari entrambi. Oppure potrebbe presentarvi una rassicurante lista di propositi encomiabili. Vi mostra questo elenco; magari vi chiede di controllarlo, di verificare che sia davvero realizzabile. Ovviamente è probabile che non lo sia. Ma a voi non importa: siete troppo concentrati sulle suadenti parole e sul gesticolare del prestigiatore. E in fondo siete curiosi di vedere cosa seguirà alla promessa.

Il secondo atto è chiamato "La Svolta". L'illusionista Matteo, aiutato dalle sue belle assistenti, prende quel qualcosa di ordinario e lo trasforma in qualcosa di straordinario, dandovi la sensazione che quell'elenco di lodevoli intenti si stia trasformando in qualcosa di vero. A questo punto voi state già applaudendo, ma avreste dovuto aspettare. Perché il canto autocelebrativo dei traguardi raggiunti non basta: affinché il numero abbia successo è necessario infondere alle intenzioni la scintilla di tangibilità dei fatti concreti. Per questo ogni numero di magia ha un terzo atto, la parte più ardua, quella che viene chiamata "Il Prestigio". La parte che l'illusionista Matteo ancora non ha svelato, forse perché non è ancora il momento. O più probabilmente perché ha sopravvalutato il suo talento di prestigiatore e in realtà, dietro a quell'affabulare e gesticolare, non c'è alcun prestigio ma soltanto improvvisazione. Ma a voi non importa, perché non state davvero guardando. Voi non volete sapere. Voi volete essere ingannati.

(Liberamente ispirato all'incipit del film "The Prestige" di Christopher Nolan, 2006)

Se il potere di Renzi appare pressoché inattaccabile, la responsabilità non è soltanto da attribuire all'informazione (quasi tutta) genuflessa al cospetto del reuccio. Molti cittadini sono ormai consci del fatto che il premier non è l'uomo della provvidenza ma un ordinario illusionista (nemmeno troppo talentuoso), eppure sembra mancare quel fervore che tra il 2001 e 2006 aveva spinto centinaia di migliaia di persone a non demandare a media e partiti politici l'opposizione nei confronti di Silvio Berlusconi. Matteo Renzi è il naturale prosecutore del disegno politico del leader di Forza Italia, per questo l'illusione che il suo governo possa tutelare le fasce più deboli del Paese è destinata a rimanere tale. Come il Caimano, basa il suo consenso sulle sue capacità di imbonitore e sull'uso massiccio e spregiudicato della menzogna. E chi, pur avendo ben chiara questa situazione, non fa nulla - naturalmente per quelle che sono le possibilità personali di ognuno - per inchiodare quotidianamente Renzi alle proprie bugie non è meno responsabile dell'ultimo dei giornalisti baciapile.

7. Ipse dixit

Parte del materiale raccolto durante la preparazione di "The Great Pretender" non ha trovato spazio nei capitoli precedenti. Per dovere di completezza lo pubblichiamo nelle pagine che seguono in rigoroso ordine cronologico.

Viviamo in un mondo in cui l'apparenza rischia di uccidere l'essenza. (...) Senza autenticità non c'è libertà. (Dalla rivista dei boy scout "Camminiamo Insieme", 2004)
Oggi cinque ragazzi che hanno voglia di entrare dentro uno schieramento di parte, non per giocare all'allegro chirurgo della propria carriera personale, ma per vivere un'esperienza ricca di stimoli e curiosità, trovano davanti a loro gli spazi di una prateria, non un sentiero stretto. Devono solo provare a dire noi, più che io. A lavorare insieme. (Dal libro "Tra De Gasperi e gli U2", 2006)
La politica contro la facile demagogia, contro il dominio permanente della sondaggite. La politica contro l'illusione dell'individualismo. (Dal libro "Tra De Gasperi e gli U2", 2006)

Sono stati effettuati interventi insignificanti (per le politiche sociali, NdR) a livello generale: nessuna persona normale decide di fare un figlio perché riceve mille euro. (Dal libro "Tra De Gasperi e gli U2", 2006)

Fare politica non è sexy. Sei giudicato come un ambiziosetto che punta alla visibilità e alla carriera quando ti va bene, come un aspirante manigoldo quando sei meno fortunato. Eppure continuo a pensare che fare politica sia un dovere civico, una sfida da non rifiutare. (Dal libro "A viso aperto", 2008)

Le pare possibile che ci sia gente in Parlamento che non riuscirebbe a farsi eleggere neppure nel consiglio della bocciofila? (2/11/2009)

Perché Bersani non prende tre o quattro grandi temi e prova a coinvolgere questo popolo viola? Ne suggerisco alcuni: la sostenibilità ecologica, io sarò l'unico del centrosinistra ad andare a Copenhagen. Oppure proponga: vogliamo dimezzare da subito il numero dei parlamentari. Mi daranno dell'antipolitico, ma i mille parlamentari di oggi sono i vincitori di un casting politico indecoroso. (7/12/2009)

Il Pd è come la Fiorentina, s'accontenta di battere la Juve ma non vince mai lo scudetto. Noi ci accontentiamo di gridare contro Berlusconi, ma non costruiamo un'alternativa. (7/12/2009)

Starò sempre dalla parte della libertà di pensiero, di comunicazione, di relazione. (18/12/2009)

Penso che il rispetto che nutriamo per D'Alema sia superiore a quella che D'Alema ha per noi. Uno statista, un ex presidente del consiglio non può accettare solo yesman. (17/9/2010)

A costo di sentirci dire che siamo antipolitici proporremo di dimezzare i parlamentari da subito, dimezzando anche le indennità: mille sono troppi, il loro stipendio è squilibrato rispetto al lavoro che fanno. E vogliamo sceglierli noi, con i voti. Non farli scegliere a Roma, con gli inchini al potente di turno. (18/10/2010)

Dicono: "ganzo Renzi, lo dice perché ci vuole andare lui". È uno degli elementi più tristi del retropensierismo: l'idea che non si possa dire nulla senza che qualcuno dica "vedi cosa c'è sotto?". L'idea che non si possa esprimere il proprio pensiero senza essere accusati di avere interessi personali. Fateci parlare liberamente di politica. (7/11/2010)

E' possibile che noi ci chiamiamo Partito Democratico e si debba trattare chi non è d'accordo come un nemico? (...) Voi dovete avere rispetto

per noi, noi avremo rispetto per voi. (7/11/2010)
Facciamo un grande investimento sull'unica cosa
che ci salverà: la parola cultura, la parola bellezza. (7/11/2010)
Cresciuti a pane e Tangentopoli, educati nel mito
dei governi tecnici, etichettati come bamboccio-
ni incapaci di osare, chissà che non tocchi proprio a quelli della nostra età essere la generazione capace di tornare a pronunciare la parola spe-
ranza nel mondo politico. (Dal libro "Fuori!",
2011)
Rottamazione assicurata, e senza incentivi, anche nelle aziende partecipate: non importa se
uno ha la tessera del partito, ciò che conta è che
sia competente. (Dal libro "Fuori", 2011)
I politici sono sempre più chiusi nei palazzi, con
le loro discussioni fatte a colpi di dichiarazioni
alla stampa. (...) Ma non c'è niente da fare. Sono
blindati in sé stessi, asserragliati nel loro mondo.
E se glielo fai notare ti criticano. (Dal libro
"Fuori!", 2011)
La nomina di altri nove sottosegretari è un'au-
tentica vergogna. In un momento nel quale biso-
gnerebbe ridurre i costi e i posti della politica,
allargare la composizione del Governo è assur-
do. Il fatto che si proceda poi a premiare chi

cambia casacca è persino diseducativo. Quando toccherà alla nostra generazione dovremo dimostrare che con questi giochini tutti interni al Palazzo non si va da nessuna parte. (6/5/2011)
Lo diciamo da un anno, dalla Leopolda: la politica deve tagliare costi e posti se vuole essere credibile. Non è demagogia, né qualunquismo: è solo questione di serietà. Consiglieri regionali e parlamentari: dimezzare gli stipendi, no al vitalizio. (18/7/2011)
Tocca a noi, che siamo uniti dall'idea che l'Italia debba tornare a scommettere sul merito, sull'innovazione, sulle qualità. Noi che pensiamo che si possa trovare lavoro non perché si conosce qualcuno, ma perché si conosce qualcosa. (…) Noi che vogliamo dimezzare i costi della politica e del sindacato. (...) Noi che vogliamo un servizio pubblico e non la RAI occupata dai partiti. (10/10/2011)
Niente Leopolda l'anno prossimo, non siamo gli alcolisti anonimi! (30/10/2011)
E' tempo di uscire dall'ipoteca culturale che le cooperative edilizie hanno messo sul nostro tempo. L'idea che lo sviluppo si colleghi solo al cemento, a nuovo consumo di suolo. (Dal libro "Stil Novo", 2012)

Non capisco perché lo stato getti centinaia di milioni di euro in apparecchiature militari inutili. (Dal libro "Stil Novo", 2012)

La Rai va liberata dal peso dei partiti. (...) Finché riterremo normali le pressioni dei partiti saremo un paese menomato, privato di uno dei suoi centri di potere fondamentali. (Dal libro "Stil Novo", 2012)

Sarà banale, sarà demagogico, sarà superficiale, ma alla fine l'unico modo per sconfiggere l'antipolitica è coinvolgere nella politica i normali cittadini. (Dal libro "Stil Novo", 2012)

Mi piacerebbe introdurre nelle scuole una rivoluzione, un grande patto con i docenti: aumentare immediatamente lo stipendio di trecento euro a testa. Ma in cambio possiamo licenziare il cinque per cento dei professori italiani, quelli che portano in classe la propria pigrizia, la propria rassegnazione, la propria noia. (Dal libro "Stil Novo", 2012)

Un grande paese deve essere in grado di ospitare grandi eventi dando al contempo prova di serietà nella loro gestione. (Dal libro "Stil Novo", 2012)

La finanza non è buona o cattiva. La finanza esiste ed è centrale per chi vuole governare un Paese in queste condizioni. La politica autorevole parla con la finanza, la politica meschina si fa dettare la linea dalla finanza. (19/10/2012)

120 miliardi di euro per gli acquisti della Pubblica Amministrazione e non si trovano 300 milioni per i malati di SLA e le loro famiglie? Allucinante. Il Governo provveda subito! (4/11/2012)

Oggi Massimo D'Alema ha detto che esaurita la questione rottamazione noi ormai parliamo del niente. Effettivamente come sa chi segue questa pagina, negli ultimi giorni abbiamo discusso solo di cultura, internet, ambiente. Argomenti che per D'Alema forse sono il niente. Ma per noi sono tutto. E se vinceremo le primarie lo dimostreremo come abbiamo iniziato a fare in questi anni a Firenze. Adesso! (11/11/2012)

Se vinceremo noi ci sarà un Paese che parla più di futuro, che abolisce il finanziamento ai partiti, che semplifica le regole sul lavoro pensando un po' di più a chi non è garantito, che non fa alleanze tra segretari di partito. (12/11/2012)

Se vince Renzi dimezziamo i parlamentari. Perché la politica deve dare il buon esempio. (Punto programmatico della campagna per le primarie Pd del 2012)

Se vince Renzi, aboliremo i vitalizi e il loro cumulo. La politica non sia la via breve per avere privilegi. (Punto programmatico della campagna per le primarie Pd del 2012)

Se vince Renzi, energie rinnovabili sopra il 50%. Risparmio sulle importazioni di gas e petrolio, per un'energia meno cara e più pulita. (Punto programmatico della campagna per le primarie Pd del 2012)

Berlusconi l'ho visto quattro volte in vita mia. Ad Arcore, com'è noto. All'inaugurazione dell'alta velocità. In prefettura a Firenze nel 2006. E, nel novembre 2011, a San Siro, dove lui era per il Milan e io per il mio amico Pep Guardiola. Non lo vedo da allora. L'accusa di intelligenza con il nemico è tipica di una parte del nostro schieramento. Io non voglio Berlusconi in galera. Voglio Berlusconi in pensione. (4/4/2013)

Vorrei governare il Paese passando dalle elezioni, non dagli inciuci di palazzo. (17/4/2013)

In bocca al lupo e un forte abbraccio a Enrico Letta. (24/4/2013)

Noi parliamo di futuro, per questo non parliamo di Berlusconi. (27/10/2013)

Parleremo con gli insegnanti che fino ad oggi si sono visti arrivare le riforme sulla testa senza poter dire niente. (27/10/2013)

Il gruppo dirigente che da domani guiderà il Pd

non deve dire di sì al capo ma tenere la schiena dritta. (8/12/2013)

La legge elettorale va fatta in fretta. A me va bene qualsiasi modello purché ci dia governabilità. Mi va bene tutto, purché sia una legge più possibile votata a maggioranza. Io non voglio tenere fuori Grillo o Forza Italia. (22/12/2013)

Se all'Europa proponi riforme istituzionali e un Jobs Act che attiri investimenti stranieri, è evidente che il vincolo del deficit al 3% del pil si può sfondare. (...) E' evidente che si può sforare il 3%: si tratta di un vincolo anacronistico che risale a vent'anni fa. (2/1/2014)

Non c'è nessuna trattativa con Berlusconi. Forza Italia dovrà esprimere la sua posizione come tutti gli altri partiti. (4/1/2014)

Alcuni sindaci mi hanno mandato sms: "Matteo, è il tuo turno". No, non è così: io faccio un passo indietro sul piano delle ambizioni personali. (12/1/2014)

Sono tantissimi i nostri che dicono "ma perché dobbiamo andare al governo senza elezioni?". Ci sono anch'io tra questi, nel senso che nessuno di noi ha mai chiesto di andare a prendere il governo. (10/2/2014)

Alessandro Menabue è nato e vive a Modena. Blogger politico, ha collaborato con il quotidiano "La Gazzetta di Modena" ed è stato consulente per la comunicazione web di esponenti politici locali.

www.ingramcontent.com/pod-product-compliance
Lightning Source LLC
Chambersburg PA
CBHW070958290526
45795CB00005B/1693